JN436693

내 변방은 어디 갔나

내 변방은 어디 갔나

고은 시집

창비

차 례

4행의 노래

눈 뜨니 꽃 피시더라
눈 감으니 비 오시더라

살아서 새 우시더라
죽어서 눈 내리시더라

이만

태백으로 간다

오늘도 내 발밑에서
고생대 화성암 층층의 억센 함구로 캄캄할 것
오늘도 내 서성거리는 발밑에서
비스라져
바스라져
쌓여 울부짖다 퇴적암의 굳은 포효로 캄캄할 것
어찌 이뿐이랴
오늘도
그것들의 길고 긴 변성암의 밤으로 지새울 줄 모르고 캄캄할 것

이토록 지엄한 암석의 하세월로부터
내 고뇌가 와야 한다
가버린 저쪽
내 고생대의 한 조각 화석으로부터
그 화석의 깊으나 깊은 잠의 수렁으로부터
절망으로
절망의 절망인 희망으로 깨어나

내 고뇌의 새벽이 오싹오싹 와야 한다

최소한 저 1960년대 10년의 밤들
그 불면으로 얹드린 밤들
울다
울다
울음 하나 남은 것 없던
내 가뭄의 갈비뼈 불질러 와야 한다

저 1970년대 10년의 날들
그 싸움 기슭
내 맹목의 살점들 지글지글 타던
모두의 숨찬 넋들로 새로이 와야 한다

이 모독의 지상 여기저기
내 석탄의 고뇌가 와야 한다

꽃 져라 잎새들 져라

바야흐로 나는 그런 날의 쓰린 빈속으로 태백행 밤기차를
탄다
추전에 간다

감사

스티로폼이여
비닐이여
비닐봉다리에 담은
슬픈 콩나물이여
플라스틱이여
할머니
어머니
나의 똘스또이여

내 수십년의 일몰 머리에 쓴 오늘 하루의 일몰이여

누가 묻더라

북방호인이 묻더라
남방월인이 묻더라

그대
바람이 된 적 있는가
바람이 되어
가차없는 파도 위
흰 돛 팽팽히 휘어
쫓기듯
쫓듯 내달리는 핏줄이란 핏줄 성난 뱃길이 된 적 있는가

바람이 되어
밤하늘 속
머나먼 길 건너가는
기러기 날개 지치고 지치는 뼈만 남은 길
한푼 삯전 없이 바쳐준 적 있는가

그 위

1만 3천 미터 상공쯤
거기 제트기류 타고 가는
히말라야 학의
히말라야 하늘 빙하
날개 펼친 채
순 공짜로 실려가는 길이 되어준 적 있는가

오, 비상의 형벌

그대
바람이 된 적 있는가
바람이 되어
맞바람이 되어
동아시아 소작농 들녘
닷새 엿새 전 심어놓은
어린모들 파릇파릇 뿌리 내려
처음으로 바람에 흔들리는
그 어여쁘디어여쁜 슬픔

해 저물어 어루만져준 적 있는가

지난겨울 보리밭 둔덕
열세살 아이
날아오른 연
높이
높이
높이
꿈속까지 꿈속 안 보일 때까지 띄워보낸 적 있는가

오, 하강

오늘 저녁 남몰래 바람 되고파
어둑발 손님으로 손님 대신으로
가만가만
저 고개 숙인 마을
누구네 집 깃들이는
한자락 바람의 순한 끄트머리이고파

회상

그토록 오래 바람 불었네

그토록 오래 파도쳤네

그토록 오래 달밤에 늑대 울었네

그토록 오래

하늘이 푸르렀네 푸르러 푸르러 소로 버러지로 울었네

후일

며칠을 두고 두 사내가 지지 않누나

바람이 움직이나니
깃발이 움직이나니 지지 않누나

며칠 뒤 한 사내가 나서서
두 사내를 단번에 이기누나

마음이 움직이나니

천오백년 뒤 심심한 사내 하나 나서서 지지 않누나

함께 바람 움직이나니
함께 깃발 움직이나니
다함께 마음 움직이나니

아이고 잡것들 지랄하고 자빠졌네 잔이나 들어

빅써*에서

너 백년 뒤면 낡을 대로 낡을 아메리카야

내 등짝 뒤
네 것이 아닌 밤이 있다

* 미국 캘리포니아 서부 해안 절벽의 한 명소.

2010년 6월 25일

아, 서해 낙조 내 썩은 오장육부에 다 받아들인다

죽어버렸던 나
다시 태어나누나 젖 먹은 울음 터뜨리누나

한탄

이제 강은
내 책 속으로 들어가 저 혼자 흐를 것이다
언젠가는
아무도 내 책을 읽지 않을 것이다

이제 강은
네 추억 속에 들어가 호젓이 흐를 것이다
네 추억 속에서
하루하루 잊히고 말 것이다

이제 강은
누구의 사진 속에 풀린 허리띠로 내던져져 있을 것이다
언젠가는
언젠가는
그것이 강인 줄 무엇인 줄 모를 것이다

차라리 돌아가고 싶어라
지지리 못난 내 후진국 거기

이제 강은
오늘 저녁 오늘 밤까지 기진맥진 흐를 것이다
사고 나면
강은 다른 것이 되어 있을 것이다
어이없어라 내가 누구인지 전혀 모를 것이다

포고

더이상 발견하지 말 것
다시 말한다
더이상 발견하지 말 것

불을 발견하고 술을 발견하던 시절이여
거기로부터
너무나 멀리 와버렸구나

바람 분다
나비들
어서 내려앉아라

태평양
인도양
또는 대서양 심해 생명 140여만 종

천만다행이구나
미발견 생명 3천여만 종

제발 그냥 놔둘 것

에디슨아
에디슨아
에디슨아

더이상 발명하지 말 것

이로부터 발견과 발명 그리고 모든 발전
극형에 처함
이와 함께
모든 진리 극형에 처함

다시 은유로

아이야

너를 말하기에 내 은유밖에 없다니
너를 말하기에
썩어가는 내 은유밖에 남아 있는 것 없다니
아직껏 말할 줄 모르는 아이야
다섯살 여섯살인데도
아직껏 말할 줄 모르는 아이야

얼마나 좋으냐

특수는 사실이고
보편은 사실로 짜맞춘 헛것이란다
때로는
어거지란다

콩으로 만든 두부
사흘도 못 가는 두부란다

어서 먹어라
먹다 남겨라

내 냉장고 너무 믿지 마라

아이야
아이야
너를 에워싼
소위 근대 보편의 은유들 너무나 오래되었다

말할 줄 모르는 아이야
네 언어 이전의 그 미지의 은유 어서 찾아라
아이야
아이야

타클라마칸 사막

내가 타클라마칸 사막에 가는 것은
내가 열여섯살의 꿈속으로
타클라마칸 사막에 가는 것은
거기
허허망망 때문
내가 일흔다섯살의 대낮에
명사도 동사도 다 두고
타클라마칸 사막에 가는 것은
거기
무지무지한 허허망망의 울음 때문

내가 타클라마칸 사막에 가고 가는 것은
세상의 욕망에
내 욕망에
더이상 견딜 수 없기 때문

누구의 천년 해골
거기

나의 삶
네 강을 걱정하며

산마루시여 강물 이랑이시여

할아버지의 할아버지의 할아버지시여
할아버지의 할아버지시여
할아버지의 아버지시여
맴돌아
할아버지시여
할머니시여

할아버지께서는
할아버지의 산에 어김없이 의지하고 살아오셨습니다
새벽 건기침소리 어리번쩍이셨습니다
할머니께서는
할머니의 강으로 숨결 의지가지 삼아
강물소리 조록조록 들으며 살아오셨습니다

그러다가 언제부터던가
나의 산이 거꾸로 나를 의지하기 시작하였습니다

한밤중 산이 비슥차 울었습니다
언제부턴가 강이 나를 의지가지로 삼아
비척비척 흘러가기 시작하였습니다

삽날이 번뜩였습니다 쇠갈퀴 으르렁댔습니다

이제 산이 내려다볼
회도는 강물이 없어져갑니다
강물이 올려다볼
저문 산의 애틋한 그리움이 없어져갑니다

오늘도 강은 강대로 죽어가고 산은 산대로 마구 죽어갑니다

돌아보소서
이 꼬라지
이 꼬라지가
할아버지 할머니 후손의 막된 나의 삶입니다

돌아다보지 마소서
더이상 나는 당신들의 무엇이 아닙니다
한삿 이 문넝 별서시 생빗줄 끊신 불초박심의 삽날입니나

영 안 잊히는 마르꼬

병춘 형
거기 양주 아까시꽃 내음 무척이나 넉넉하였겠소
여기 안성 아까시꽃들은 이제 다 이울었소
꽃일지라도
질 적에는
늙어빠져
질 적에는
엔간히는 늙어빠져 누추하더만
그러니 욕심덩어리 사람 쭈그렁이야 오죽이겠소

나 얼마 전 이딸리아 볼일로 돌아다녔소
베네찌아 시
베네찌아대학교 공동주최
'문화의 십자로'라는 국제문학행사에 응했던 것
그길로
밀라노
피렌쩨
로마에서도 불러대어서 응했던 것

피렌쩨 역에 마중 나온 마르꼬 씨모넬로
그 젊은 시인 마르꼬랑 누구누구랑
내 일행을 안내하여
늦은 점심을 때웠소
두오모 근처였소

내가 반주로 포도주 두어 잔 넘긴 뒤
단떼 얘기를 꺼냈더니
마르꼬가 반색하자마자
13세기 또스까나어 그대로
단떼 『신곡』 지옥편 제7곡 25행을 외워대는 것이었소
일등 염불이었소
온 정성으로 숨넘어가는
일등 염불이었소

열여섯살 적 이래 외우기 시작하여
지옥편

연옥편
그리고 단떼가 망명지 베로나에서 쓴
천국편까지
눈 딱 감고
몇시간이고 외워댄다 했소

특히 무슨 일로 화나면
화풀이로 외운다 했소
특히 무슨 일로 기뻐도
그 기쁨 누려 길이길이 외운다 했소
오늘은 나 만나
너무 기쁜 나머지
신나게 나와버렸다 했소

하필 지옥편이라
하기사 이놈의 지옥이나
저놈의 천국이나
다 그것이 그것인지라

마르꼬! 너 참 이쁘다
하고 내가 와락 껴안아주었소
그랬더니
기쁘고 또 기뻐
어쩔 바 모르는 것이었소

로마 행사 헌걸헌걸 마치자마자
밤 비행기로 돌아오는데
시베리아
내몽골의 아침나절쯤 거기까지
마르꼬가 따라붙어 기뻐하는 내 마음속 제법 일렁거렸소

한 사흘 지나서도
저녁 뜨락에 나와서도
영 안 잊히는 마르꼬였소

일몰

누구에게는 이 세상은
단 한번도 태어나지 말아야 할 세상이겠지

아니
누구에게는 이 세상은
단 한번이 아니라
여섯 번
일곱 번이나 또 태어나서
여섯 번
일곱 번이나 또 살아야 할 세상이겠지

막 해가 지누만

어느날의 일기

아침 여섯시 반 일어났다
웬일로 새소리가 없다 차라리 좋다

말년의 긍정 사절할 것
말년의 타협 거절할 것

감히 모든 유혹의 끄트머리 거기

네 백발귀신 너를 노려본다 당장 오는 춘삼월 어쩔 테냐

아, 세종

저 푸른 하늘의 넋으로 쓴다
아침 북악
저녁 남산으로 쓴다
내 조국의 자음과 모음으로
내 목숨을 쓴다

여기 살다
여기 죽으리라

저 해와 달 아래
오늘을 쓴다

비가 온다
눈이 온다
여기 살다 죽으리라

그 누가 잊어버리겠느냐
내 자음인

내 모음인 이름
그 이름
내 뜨거운 염통으로 쓴다

아, 세종

그 불멸의 이름으로 내일을 쓴다

백지

시가 오지 않는 밤
며칠째 무인폭격기 공습의 밤
카불 강 골짝
한꺼번에
두 손자와
아들과 며느리를 잃은
파슈툰족 노인의 밤
오른쪽 다리 잃은
그 이웃집 굶주린 아이의 밤
피범벅이야말로 생인 밤
슬픔이란 알라란 얼마나 사치냐
얼마나 오랜 장식이냐

나의 백지 위에 시가 오지 않는 밤

최근

아프가니스탄 파키스탄
카이버 고개
썩 험악하군 썩 삭막하군 천년의 두절이군

탕!

한 방의 총성 자못 텅텅 빈 충만이군

새해 눈 오신다

눈 오신다
눈 오신다
새해 아침 눈 오신다
어쩌라고
어쩌라고
이 강산에 눈 오신다
눈 쌓이신다
눈 쌓이신다
내 마음속 눈 쌓이신다

그렇지 않으냐
내달리는 길
내달리기만 한 길
쉬어가라고
눈 내리신다
펑펑 내리신다

밀치고

설치고
앞다투는 삶
좀 뉘우치라고
눈 쌓여
여기저기 삶의 길 막히신다

눈 쌓이신다
눈 쌓이신다
나뿐인 나
이웃도
세상도 없이
오직 나뿐인 세상 돌아쳐
오순도순 나누던 삶의 날들
찾아보라고
새해 아침
이토록
눈 내리신다
발등까지

무릎까지 쌓여
두메산골 막혀
혹시나 양식 떨어지지 않는지
혹시나 먹이 없어 굶어죽지 않는지
내 실낱 걱정에도
눈 내리신다

눈 그치신다
다시 오신다
내 나라 온갖 드렁칡 덮고
온갖 재난 묻고
누구도
누구도
그 누구도
한결의 뜻 이루라고
눈 내리신다

지나온 백년

지나온 60년 30년 10년
뒤돌아다보라고
맞이하는
백년 내일 펼쳐보라고
눈 오신다
눈 오신다

2010년 새해 아침 축복의 눈 이토록 쌓이신다

어청도에서

막 해가 졌다
바다의 절반이 남아 있다

약자를 편든다는 것
얼마나 어려운가
한철이었을 뿐
약자의 편에 선다는 것
얼마나 어려운가

약자의 나라에서
차라리 악이
선보다
얼마나 어려운 노릇인가

아, 오늘의 울음 무용지물

내일 돌아갈 군산이나
안성이나

서울이나 아메리카나
얼마나 내 무능의 터전인가

밤이다
파도소리의 일생이 남아 있다

그래도 다시 태어나야 한다

그래도 태어나야 한다
이 모독당한 산야에 태어나야 한다
아직 바람이 죽지 않았다
바람의 탄생일이
너의 탄생일이다
태어나야 한다
태어나
바람 속에서 첫울음을 울어야 한다
석달 열흘 바람쳐
비바람쳐 살아야 한다
아, 이 세상에 이 세상의 이유인 아기가 있다
아장아장 아기 이빨로 돋아나
장차 수많은 울음으로 날이 밝아야 한다

그래도 꿈꾸어야 한다
이 파괴당한 마을에서 늙은 연어들 막혀버린 강기슭에서
모든 배반당한 꿈
빼앗긴 꿈을 찾아야 한다

너에게 남은 꿈 있다 몸 뒤척여 그 꿈을 꾸어야 한다
하늘이 있다
아직 저녁노을이 있다 지상(至上)의 밤바다가 있다

그래도 살아야 한다
생명이란
얼마나 독점이냐
얼마나 집착이냐
죽음의 인질인 생명이란
그 얼마나 비겁한 정치더냐 이데올로기더냐
폐기된 물레야
폐기된 물레방아야
폐기처분된 이웃들아
그래도 한줌 흙 속의 자디잔 목숨들의 숨소리 들리는
너의 고막으로
잠들어라 깨어라
다음날 너의 눈동자
아침 햇살에 놀라

아침 햇살 알알이 담은
거미줄의 이슬 부채에 화들짝 놀라
하루를 살아야 한다
가장 작은 너 자신으로 살아야 한다
그러나 바위의 슬픔으로
풀의 기쁨으로
하루하루를 노래해야 한다

영원이란
무한이란 탐욕이다
오로지 너의 한계가 너 아니냐
그래도 바람소리를 들어야 한다
이 배신당한 도시의 밤에
바람소리를 들어야 한다
이 세상에서
유일한 다른 세상의 소리인
비 오는 소리로
너의 한쪽 귀가 떨려야 한다

오직 귀만이 평화이다 긴 묵념이다
언어 몇십년
그래도 그 언어 오용과 남용 폭력 무릅쓰고
너의 언어가 너 아니냐
명사들을 지켜야 한다
없어진 산꼭대기 내려다본 고향 마을을
없어진 혼을
없어져
문명이 되고 만
장차 문명의 해골이 되고 말
도시의 밤에 사라져가는
동사들을 부사들을 슬픈 형용사들을 지켜야 한다

그래도 일어서야 한다
이 과잉의 땅에서
이 소외의 땅에서
맹수의 포효만이 들리는 땅에서
작은 짐승들

작은 늪의 벌레들
숨죽인 어둠속에서
싸이버 속에서
역사시대 내내
다져지고
다져졌다가
다시 다져진 무한욕망 속에서
자본의 지층 속에서
그래도 다시 태어나
몇만번째의 첫번째의 직립인간이 되어야 한다
아, 너의 삶이야말로
누구의 죽음 아니냐
누구의 삶이야말로
너의 죽음 아니냐
죽음을 주어라 삶을 주고받아라
그래도 다시 태어나
네가 가는 길 위의 쑥부쟁이로 피어나거라 새가 되어라

면봉

고향 가면 도(道) 못 이룬다네—마조(馬祖)

함부로 야슬거려도 되는지 몰라
그젯밤 꿈속
시 하나 왔어요
긴 것은 으레 까먹기 마련이건만
짧은 것은 꿈밖의 둔재(鈍才)로 남아 있어요
다음이어요

산 넘었다
될마*
거기 기어코 넘었다 산소 희박

숨 쉬어도 쉬어도 숨찼다

가차없이 진리를
진리라는 편견을 내버렸다
부들부들 떠는 아랫도리로 주저앉았다
이제 나는 겨우 서너살이었다 엄마가 없었다

그런데 어젯밤 꿈은 이런 시편이 아니었어요 장황했어요
그렇다고
저 1970년대 장군 꿈 꾸면
다음날 잡혀가고
똬리 튼 뱀 꿈 꾸면
영락없이 인세 듬뿍 들어오는
그런 뻔할 뻔자도 아니었어요
꿈 깨어나 이러이러하게 얽어보았어요

난데없이
아버님 산소 면봉(緬奉)하는 꿈이었어요
바람 일다
바람 잤어요
다시 바람 일었어요
40년 전 써 올린 산소
그동안 잔디 줄창으로 마르기에
올리면
마르고

올리면
또 마르기에
꿈속에서도 역력하게끔
아예 그 옆자리
새로 모시는 면봉이었어요
그래서리
괭하디괭한 흰옷 입고 서성댔어요
그 꿈속
무슨 음택이랴 내명당이랴
그냥 따스하기만 한 흙 한 삽씩 떠내고
조심조심
거기 아버님 유골 가슴 두근반 세근반 뵈었어요
덜커덩 울음이 나와버렸어요
유골 옆에
미군 지포라이터도 하나 녹 없이 묻혀 있었어요
입 달싹여
아버님 한 번만 둥기둥기
제 아린 겨드랑이 들어올려주셔요

아버님 일어나셔서
한 번만 더
단단히 혼내주셔요 하고 아뢰었어요
새소리가 지나갔어요
웅당 묵묵부답의 유골 앞
술잔 혼자 놓여 있었어요
이어 새가 지나갔어요
오랜 밤낮 묻혀 지내시는 육탈 나머지
심심풀이 등걸음치시다가 그리 되었는지 몰라
두 발뼈만이
저만치 따로 가 있었어요
무던히도 가고 싶은 곳 있으셨나
왼발 뼈가 조금 앞서 있고
오른발 뼈가 그 뒤에 있었어요
불효자 엎드려
두 발뼈를 면장갑 벗고 어루만졌어요
돌이켜보면
어머님 평생은 손이셨고

아버님 평생은 발이셨구나 깨달으니
다시 돌이켜보면
불효자 망정으로 나 또한
절반은 발품으로 초토를 돌고
절반은 서러운 손 놀려
무슨 시라고 무슨 시랍시고 노래 불러왔어요
바야흐로
새 산소의 아버님
먼 데 만경강 하구 해설피
야젓이 내다보실 산등어리 여기
마지막 퇴주잔 가득 식은 술 음복하고
내려오는 길 한 가지 소원 따라나섰으니
이로부터 나 손 대신
발로 쓰는 시이고 싶어요
한 걸음 한 걸음 끝
아홉 발가락 열 발가락으로
엄지발가락
새끼발가락으로

발바닥으로
발등으로
발뒤꿈치로 아킬레스건으로 써서
이웃고 일어선 두 다리로 써서
이 강산 달밤
미련없이 발날개 달아 달빛 휘영청 달아
핑 날아올라
그 어디로
아버님 가고 싶으신 곳
그 어드메로 가고 가서
그 어드메 사뿐 내려앉고 싶어요
아버님의 넋에
삼가 내 못난 넋 바쳐 기어이 하나 되고 만
그 발날개 새벽이슬져 내려앉고 싶어요
무슨 양택 외명당 따위 아무짝에도 소용없이
귀 쫑긋
어느 동네 검둥이 한 놈 사뜻하게 짖어대게끔
어미 검둥이 옆

새끼 검둥이도 짖는 법 배우게끔

어젯밤 꿈 깨고 나서
내 것이라고는
이런 철없는 소원밖에 없었어요
더 있어야 할 세상 더 울어야 할 세상
오늘도 동녘 밝았어요
2만 권의 책
3만 권의 책 어느 갈피에도
나 없었어요 어쩌지요

* 티베트 카일리스 산의 험한 고개.

강화에서

누구에게도
생은 두 번이 아닌 것
돌이킬 수 없는 것
강화 석모도 앞바다에
그렇게 왔다

저 크나큰 일몰에
이름 짓지 말라
무엇이라고
무엇이라고
날름거려 날름거려 이름 짓지 말라
무엇이라고
비단 짜 옷 입히지 말라

저 일몰에
무엇의 아비
무엇의 딸이라 어설피 핏줄 대지 말라

그냥 삭은 장승 하나로 기우뚱 묵묵부답으로 있거라
곧 어두워오리라

바람 앞에서

어찌 바람이
수양버들 잎새한테만
포플러 잎새들한테만 불겠느냐
앞산 벙어리 바위한테도 분단다
어찌 바람이
강물한테만
밀물 바다한테만 불겠느냐
내다버린
녹슨 경운기
그 쇠바퀴 속 깜깜한 철분 속 거기에도 분단다

어찌 바람이
산목숨 옷깃에만
누구의 앞가슴에만 불겠느냐
무덤 속 뼈 한 개비에도 분단다

옛 동무들아
바람이냐

깃발이냐
웬 마음이냐 따위
해묵은 육조 혜능의 장난 이제 관두거라

바람 분다

어느 하안거

염송(拈頌) 29권
칠요(七凹)를 두고서리
투자청(投子靑)이 송(頌)하건대

예나제나 천평은
몹시 위태롭구나
(今古天平大險生)

여기서 고(古)자가 깨어져
점(占)으로 찍혀 나오니

옳다구나
예로 점 한번 칠 만하구나
지금아
지금아
너 어디 있느뇨

해인사 고려대장경판

어느 판 어느 글자 하나
깨어져

황해
남해에
있을 듯 말 듯
새우 넋 하나 떠 있나보구나

예나제나 수평은
몹시 태연쿠나
(今古水平大然生)

서해 낙조

상렬아
필수야
필엽아
종식아
창구야
관호야
재권아
용섭아
일룡아
옥자야
정자야
정숙아
병곤아

어디 있느냐 봉태야 옥순아 눈먼 태희야

뒷산

2009년 8월 3일 새벽 잠결에 온 것

바람 부시는 날이사 내 몸뚱어리 내 못난 손발도
씌어대는지
씌어대는지
금방 소나무 가지들로 되고 말아
그예 바람에 홀린다
바람 부시는 날이사 모처럼 내 몸 안 설킨 오장육부도
바깥 솔바람소리에 쓸려
아리고
아리고
아리기만 하다

어머니께서 뒷산에 가자며 꿈결 서른살인 듯 앞에 서신다
어머니의 빈 바구니에 벌써
멀가까운 솔바람소리가 바슬바슬 담기신다
뒷산 윈 골짝 솔바람 속에 안기노라면
어머니는 소나무 밑동 송이 하나를 슬쩍 따
바구니에 담고는 웃음지으신다
용하게

용하시게

가을이 다 오셨다 바람 부시는 날이었다
또다시 어머니의 뒤를 따라나섰다
뒷산 오른쪽 골짝에 이르러
솔바람소리는 다친 듯 씁쓸하시되
정작 솔바람은 달착지근하시다

웬일로 송이가 아니 계셨다
누가 따갔나보다고 내가 구시렁대자
아니란다 누가 먼저 따가지 않아도
하나도 안 보이는 날이 있단다라고
어머니가 무슨 초록 인기척에 솔깃해하며 말하신다
그때였다
어머니 발 앞 거기
쌓인 솔잎 사이로 빙긋이
송이 하나가 계셨다

오늘 어머니의 저승 어디이신지 통 모른다

이런 날
감히 나도 몇마디 발보일까보다
시가 바구니 가득 담기시는 날이 있고
시가 하나도 담기시지 않는
빈 바구니의 퀭한 날이 있다
아마도 시가 푹 주무시는 동안
개구리로
배암으로
에미곰으로
푹푹 겨울잠 깊이 주무시는 동안
내 빈 바구니의 가난도
별 뾰족할 수 없이 잠결에 접어드는 것인지 아닌지
바깥 붐비는 가루눈들 조금 기어들어와
내 잠결의 콧등이나 눈가생이에
무람없이 내려앉으며 녹으시는 것 모른다

날아가는 법

서릿밤
가는 기러기네들 울음소리 숨 걸린 울음소리
앞서거니
뒤서거니
서릿밤 자정 저쪽
함께 가던 기러기 한 분 지쳐
날개 접으려 할 때
날개 접고
그만 떨어져버리려 할 때
안돼
안돼 하고
함께 가던 기러기 두 분이
양켠에서
접힌 날개를 겯고
뒤서거니
앞서거니
그 머나먼 기러깃길 이어가는 것 봐
가는 동안

다시 살아난 기러기
날개 일으켜
막 태어난 듯 떳떳해지며
서릿밤 언 새벽길
벌써 저만치 두런두런 가는 것 봐

아니 그 기러기네들 가다가
일제히
빈 들
작년의 빈 들
신철원 구철원에 내려앉아
곤히 잠들 때
번갈아가며
한 분씩 눈 뜨고 살펴
잠든 분들 지켜내는 것 봐

아홉 번이나 열 번도 많지
한두 번쯤 나나 자네나 언제 이래 보았던가

은파에서

이만한 가슴이면 좋겠네
잔물결 짓는
이만한 가슴속
그리움이면 좋겠네

그대의 반생애 수고 많았네

이만한 마음이면 좋겠네
물수제비뜨듯
물수제비뜨듯
어린시절
동그라미 무늬지는
그 마음이면 좋겠네

그대의 남은 생애 오고 있네

더도 말고
이만한 삶이면 좋겠네

하늘에 달
물에 달
물에 달이면
내 마음에 달 아닌가
그대와 나
이만한 삶이라면 그냥 좋겠네

나의 소원

시시할 것
아주 시시할 것

내 소원
선사 구석기 말 어느날
구름도 좀 있었겠지
그런 날
한 뜨내기 사내로든
한 뜨내기 사내 떠나보낸
한 계집으로든
나 죽고 싶어 그리 죽고 싶어

가을이건
겨울이건
이듬해 유들지는 봄이건
언제건
죽은 줄도 모르게
나 죽고 싶어

가령 조릿대 푸나무서리에 툭 떨어져 있는
철새 주검
그 옆

언어 이전의 느린 의성어 의태어 잠든 달밤 그쯤

프랑크푸르트 공항에서

태권도 대련(對鍊)인가
구호가 날아왔을까
그러자마자 구호가 날아갔을까

그러지들 마

나중의 파우스트는 자살하려 했어
이미 베르테르는 자살했어

어느날은
노란색 조끼의 베르테르가
내 어설픈 동지였다가
또 어느날은
일백세 호호백발
파우스트가 내 고질 숙주(宿主)였다가

수십년의 밤길 오락가락하는 동안
정작 다른 삶들을

내가 살
다른 삶들을 다 놓쳐버렸어
내 허리춤에 꽂은 오대(五代) 단검도 잃어버렸어
허나

이 적수공권(赤手空拳) 하나
늦지 않았어
늦지 않았어
늦지 않았어

돌아가는
인천행 밤 비행기 그만두고
요하네스버그행 대기석 예약 행여나 하고 기다리고 있어

또 떠나야겠어

경부고속도로 하행

아직도 논이 있는 것
아직도
논 저켠
양(養)할머니 같은
밭뙈기 누워 있는 것
아직도
낼모레 모심을
물 가둔 눈먼 논 있는 것
마음 뿌듯뿌듯 가득 차 있는 것
기막히군

왼쪽 차창으로는
볼보 트럭쎈터로군
조금 지나
에그머니나 오산장례식장이로군
오산 고층아파트 덩치들
마구 솟아오르는군

산소 희박으로 발딱이는군

연이(然而)
경기평야
아직도 간간이 논 남아
모심은 논
개구리소리
먼먼 기미년 만세소리 자오록이 들리는 듯하군

기막히군

퇴근

저녁 구름아
그저께도
어저께도
오늘도 나는 그냥 이것이란다
어쩔 수 없단다

사고파는 것
사고팔다가
남은 것
떨이로 넘기는 것
나는
그런 것의 하나란다 그런 파생상품의 하나란다
아, 이름 석자 굳이 필요없단다

남의 집 개도 짖지 않는단다 남은 구름아

광주를 떠나면서

애당초 무등 쪽을 보지 않았습니다
금남로 멀리
새로 난 외곽도로를 뺑 돌았습니다
망월동 입구에서
얼른 유턴이었습니다
김형수
이승철
조진태가 놀던
그 고교생의 송정리 들녘
주막거리 지나
나주 뒷말에나 갈까 하다가 말았습니다
화순 기숙 형
누구 잘 알아보지 못할 때도 있다 합니다
담양 재종이
당 조절이 이제 잘된다 합니다
순천 종영이도
아내 몰래 술자리에 앉는다 합니다
가슴이 깊으면

얼마나 깊어
일단 가슴 밑에서 나오는 이름
상원이
상원이
상원이
불러보다가 차 급정거하였습니다
5·18이
도청 건물 철거 가부로
사분오열이라 합니다
술 한잔의 인사도 없이
아직도 아직까지도
너무 버거운 곳 떠납니다
이제는
죽은 자의 희디희게 바랜 넋들
아랑곳하지 않고 떠납니다
일체 음악 사절의 밤길
앞차
뒤차 사이에 꼭꼭 끼여

호남고속도로 구슬픕니다

벌써 장성터널 빠져나와 정읍나들목 지났습니다

김성동

저 화엄종찰도
이 골짝
저 골짝
금당 법당도
기어코 그대한테는
한 오백년 썩은 시궁창이겠지

떠나야지 뭐
이 성안 성밖
이 거리
저 거리
장바닥 되지 못한 근대 또는 탈근대의 것들
그대한테는 헛궁합이었겠지

떠나야지 뭐
그런즉 어쩔 것이여
절도 아닌
저자도 아닌

어느 길모퉁이 비 새는 골방 거기
그대 지친 팔정도(八正道) 마른 새우 한짐으로 부려놓을 밖에

얼마나 배곯았어
얼마나 해골 앓았어
그간 두흡들이 한두 번 아니게 비우고 비웠겠지

오늘같이 들입다 추운 날
그대 무덤덤한
그대 단호한 넋의 처마 끝
춘삼월도 모르는 고드름이나
툭
툭
달렸다 끊어지겠지

또 떠나지 뭐

하산

2010년 가을
금강산 비로봉에 올라서리라
조금 뒤
옆의 영랑봉에 가 있으리라

저 동해의 해묵은 저음(低音)을 내려다보리라

아이 낳은 듯
아이 낳고
허한 듯
내려가리라

내금강에서 올라
외금강으로 내려가리라

거기 강원도
북 고성
남 고성 두 곳

두 무덤에 두 토막으로 나 묻히리라
밤으로 밤낮으로
하루 70만번 파도소리
두 토막의 웬수 뼈다귀로 나 지새워 들으리라

독백

외로운 공산주의자 주제 싸라마구 가라사대
기쁨 슬픔은
물과 기름 아니어서
함께라 하셨거니와
고개 끄덕이다가
고개 끄덕이다가

이에 대들어

기쁨은 슬픔 모른다네
슬픔은 기쁨 통 모른다네

활연개오(豁然開悟) 사절
온 세상의 대화들 개구리 밤샘 코러스들
끝내 독백이라네
끝끝내
꽃들 꽃샘추위들 각자
독백이라네

실로 놀라운바

대화란 건

이 세상 욕계 색계에 단 한번도 있어본 적 없다네

외로움이란 외로움 각자들 하나하나 이렇게 못내 외통수 중생 각위인지라

단 한번도 외로움이 되어본 적 없는 외로움 각위이시라네

시에게

봐

여기 개그
저기 개그
여기 개그
저기 개그

소위 지상파 소위 공중파

네거리 전광판
신문사 전광판
광고
광고
광고국가 개그판

익살판
하루 내내 재담판
난숙한 재치문답판

어차피 만물 웃음거리야(也)
어차피 만사 잘코사니 코미디야(也)

봐

이 무지무지한 웃음판
이 무지무지한 웃음개판
브랜드
쎅스
스포츠
베스트쎌러들 모두
개그에서 개그로
개그에서
더 개그로
더 개그 인플루엔자로 인플레로 디플레로
확대재생산되는 것 좀 봐
시 너 죽어줘 푹 죽어줘

대답

말년의 마크 트웨인을 기리며

애야
저건
꽃 아니란다
저건 나비 아니란다

헛것이란다
또한 나
오래전부터
헛것이란다

너나 나나 어쩐다?

숙취

여섯살 때 바다를 보았어
아홉살 때 갈매기를 보고 말았어
문 삐걱이는
갈매기 울음소리를 듣고 말았어
그 여섯살
그 아홉살 어디 갔는지 몰라

여윈 스무살 스물한살 그때
어디서 굴러든
본질이라는 것을
밤 이즈막에 알았어 잠 못 이뤘어

본질은
본질처럼
깊었어
오래 깊었어

가련한 나에게

본질
본질적
그것들이
너무 본질적으로
흔하디흔했어

이제 와서야 원님 지나간 나팔소리 들렸어
본질이라 함
실재라 함
실체라 함
아니 주체라 함
흰소리였어 떠도는 허깨비였어

지난여름 녹음 어디 갔어
지난가을 단풍 어디 갔어
오늘 아침 열시 반쯤
굴참나무 빈 가지들
에미 애비

다 잃은 우듬지들 울음 어디어디에
내려온 하늘 조각들 자오록 덮였어

이봐

나
나라는 것
말짱 흰소리인 것 알았어

어젯밤은 자꾸 소주 마셨고
오늘 아침은 자꾸 물 마시고 있어
누웠어
누웠다가 앉았어
앉았다가 또 누웠어

모기에게

그러면 그렇지 그러면 그렇겠지
오늘도 마당에 나가
영락없이 모기 물린다
누가 공들여
쌓아온 사랑 탈나버리는가
누가 뜸들여
보라장기
상(象)을 내보낼까 말까
포(包)를 쓸까 말까 하다가
그만 졸(卒) 하나 내보낸 뒤
외통 장을 받고 마는가
그런저런 걱정 끝
모기 물린다

에잇 더 물려라 물려

암모기야
암모기야

새끼 밴
암모기야
실컷 배불리 빨아먹어라

오늘 내 선행 이것

왕따에 대하여

옛날 어느 농사꾼
두레
온 마을 두레
거기 끼지 못하고
혼자 4천평짜리 모심는 영감
혼자 엿새 이레 여드레
두벌김 매는 호락질 영감

그 영감
뒈질 때도
혼자 뒈지는 것
진작 알았나봐
아예 재 너머 골짝
거기 가 눈감았어

교향악단 뒷자리
어쩌다
한 번

어쩌다가
딱 두 번 치는
씸벌즈 쨍그랑

하필 미국땅의 공산주의자
폴 스위지

낙도 초등학교 교사
교장 겸임
교감 겸임
담임 겸임
내년에는 문 닫는
아동 1명의 교사

기타

오늘의 나 꿈속에서
살려줘

살려줘 외쳐도
아무도 없었다
아니
살려줘
그 소리도 나오지 않았다
아무리 외쳐도 외쳐지지 않았다

태양계 밖
아, 명왕성

그렇게 독립하라 독립하라

최고의 독립
최고의 고립

너 왕따의 명예야 네가 옳다
왜냐하면
모든 명예는

세상의 피칠갑 독점이므로
단 하나의 명예야
네가 옳다

무제

여기 산들바람

저기 산꼭대기
휘몰아치는
칼바람
칼날바람

이 세상은
손톱만치도
발톱만치도
어느 하나 아니라는 것

여기 어느새 건들바람

근황

늘 방선(放禪)이더라

어디 곱씹을 삶이라는 것
슬픔뿐이랴
기쁨뿐이랴
그냥 망연자실의 한동안들도 삶이더라

오늘도 마당의 살구나무 보다가
콧노래가 슬몃 나온다
내일도
책 보다가
입 달싹여
슬몃슬몃 노래가 나오리라

1975년쯤
자하문 밖 '물문집'에서
참되고 참된 염무웅한테 배운 애달픈 노래
백양나무 우거지고 달 밝은 밤에……

가사 몇구절
간데없이
곡조만 남아 흥얼거린다
1976년
1977년쯤
광화문 '항아리집'에서
항아리 같던 조태일의 십팔번 따라 부르던
그 군가
사나이로 태어나서 할 일도 많다만……
가사 몇구절은
다 까먹고
그 철없는 행군 곡조 흥얼거린다
낮술꾼 태일은 떠난 지 오래
무웅은 만난 지 오래
그 시절의 가난과 파쇼 변두리에서
밤이면
서로 파도가 되고 종잡을 수 없이 벼랑이 되다가
통금 직전

각자의 종점으로 흩어져갔다

고향이란 그런 시절이기도 한 것

내가 콧노래를 불러도
콧노래 대신
휘파람을 불어도
아내는 무슨 노래냐 묻지 않는다

오늘도 태일의 군가가 먼저 오고
무웅의 백양나무가 뒤에 왔다
일요일은
거의 뉴스가 없다

없어라 없어라 없어라 없어라 제발 없어라

담양에서

재종이 자네 지구본 좀 돌려

이집트 보고 나서
그리스는 아무것도 아녀
그리스를 보고 나서
로마는 아무것도 아녀

인도의 시간 살고 나서
중국의 시간 아무것도 아녀
중국의 시간 살고 나서
고려의 시간 아무것도 아녀

아녀 고려의 시간 본디 없었어

없음이여
있음의 능멸이여

그러나 여기 무일푼의 문명

전남 담양
대바구니 문명 있어
대바구니에
북극성 담겨 있어
대소쿠리에
북두칠성
남두칠성 차곡차곡 담겨 있어

부산 영철이 자네
담양 대바람소리 듣고 가

가을 단장(斷章)

하늘 심연이다

하늘 심연이
나를 소스라쳐 보고 있다
나도 소스라친다

최후통첩이다

위반하라
위반하라

이제까지 내가 본 것
심연의 표상
심연의 가상 그것
아니
나라는 의식 몇년
순 가상 이것
이것들을

굳이 누더기로 꾸미지 말 것
굳이 어거지로 긁어모으지 말 것

일기

가능한가

제로이고자 함
플러스도 아닌
마이너스도 아닌

무(無)이고자 함
맑스도 아닌
나쁜 자식
깔뱅도 아닌

공(空)이고자 함
순자도
맹자도 아닌

불가능한가

나도 아닌

너도 아닌
너라는
나도 아닌

대설주의보

함박눈이 내리나부다
울음에
함박눈이 내리나부다

함박눈이 내리나부다
더이상
노여울 수 없는
용산 철거민 유족 몇몇
펄럭대는 농성천막 위에도
강 건너
LG 쌍둥이빌딩 옥상에도
함박눈이 내리나부다

밤 한시 두시쯤
함박눈이 내리나부다
돌아가신 어머니
10여년 만에
돌아오시는 꿈속인가

내 잠결 뒤척여
내일 아침 눈더미에 농성천막 기어이 무너지나부다

평창에서

강원도 평창 진부 어디 몇마리 나비 남아 있구나
고랭지 배추밭 두렁
그 어디 날갯짓 남아 있구나

벌써 발 시린 날
손 시린 날
그 나비한테 묻지 않고
밭에 계신 할머니한테
길 물었더니만

이 길
저 길이 다
월정사 가는 길이라우
아무 길이나 가우
해 지려믄 아직 멀었으니
쉬엄쉬엄 가우

가다가

만난 개울도
내가 온 쪽으로
쉬엄쉬엄 가고 있구나

자정 무렵

살아가고 있다

또는

죽어가고 있다

쓰르르히 밤바람소리 인다 살아 있다고 횡격막께 아파 온다

정오

1938년 어느날
조선어시간이 없어진 어느날
조선 서남부
어느 마을
어느 집 안방
오래된 세이꼬 벽시계
그 괘종 불알
고개 들어
대앵
대앵
대앵
대앵
대앵
대앵
대앵
대앵
대앵
대앵

대앵
대앵

그뒤
그 온 들판
세벌김 들판
하얗게 퍼붓는 한낮 햇빛으로
눈멀어
귀멀어
아무도 없구나

새 한 마리 없구나 바람 없구나

오후 세시쯤 네시쯤
그때에야
숨쉬어
비로소 보이는
먼 산자락이구나

누가 보고 나서
여한없이 눈감은 산자락이구나

그늘져

비로소
비로소 이 세상에
이 세상에 얼굴이 생기는구나
덤으로
저세상의 얼굴이 생기는구나 기역 같은 니은 같은

새해

2009년 1월 1일 오전 일곱시쯤
먼 서운산 밑
앙상
앙상
이깔나무 서 있다

한점 거짓 없었다

그러기에 새해 마수걸이로 좀 울어보았다

실제(失題)

어느날
파리 한 놈 앉아 있는 즘즘한 날
파리채 날리려다 말고
『법화종요(法華宗要)』 가만가만 펼쳐 읽어가노라니
천년 앞이나
천년 뒤나
어찌 곧이곧대로 그대로 이대로인지

원효께서는

꽃 지고
열매 맺는다 함 아니러라
이미 꽃 속 열매라 함이러라

원 급하기도 하시지
급하기도 하셔

그냥 꽃 지고 나니 열매라 하셔

서원(誓願)

저 내금강 정양사
대웅전 안
느런히 웃을 똥 말 똥 한 부처님보다
대웅전 축대 밑
비 오면
그냥 비 맞는
멍텅구리
그 바깥 부처님한테나

저 모악산 금산사
3층 미륵전 안 미륵부처님보다
금산사 밖
메밀 걷은
묵정밭머리
허름한 막돌 찌그러진 막부처님한테나

저 서라벌 금 처바른 서방정토 아미타부처님보다
조선성리학 노론 아랫것들 짓거리

댕강
목 잘린 언덕배기 앉은뱅이 돌부처님한테나

나 시십살래

자위

식전(食前)
우전(雨前)을 마시기 전
암컷도
수컷도 아닌
어중간한 중컷
그거면 된다
시무룩이
이거면 된다

뒤늦게 눈치챈
노자의 암컷
장자의 수컷
관둬라

천부당만부당이나
천당만당이나
애당초 매한가지
여기 인정사정없는 고리채 둠벙물 위

가만히 내려와 있는
처서 앞
묵은빛 탕감의
솜구름 내의 흰 벌이면 된다
안 그래?

7월 30일

기침 멎는다
염송(拈頌)놀이나 할거나

여든살
여든여덟살 할망구께서
어느 서방 씨 들어 노망 들어
덜렁
쌍둥이를 낳아놓으니

낳자마자
한 놈은
팔만대장경을 줄줄 외우고
한 놈은
택없이
시퍼런 페르시아 노래를
몇날며칠이고 흥얼거리니

이게 웬일이여 웬일이여

오늘은
이런 허풍이나 떨며
쫙
금 갈 듯
깨져버릴 듯
활짝 갠 날
지나가는 스무살 옆동네 처자
옷 속 알몸 속 창자 속
다 보이는 날

평택 쌍용자동차공장
해고노동자 농성 두 달 넘어
비축 라면 다 떨어진 날

여수(旅愁)

부럽기만 하더이다
타이뻬이 뻬이징 직항 세 시간이더이다
옆 좌석 리꿔원(李國文)이
넌지시 자랑하더이다
양안지척(兩岸咫尺)이라고

직항 첫해
대륙 승객 1백만이라
서너 해 지나
3백만이라 하더이다

바야흐로 타이뻬이 사람이
대륙 투자 신나더이다
바야흐로 대륙자본
타이완 투자 거침없더이다

심지어 타이완하고
본토 푸젠이

중포(重砲)포대 파묻어버리고
서로 물 건너 일터가 된다 하더이다
어찌 이뿐이리오
타이뻬이 시 한 편이
상하이 시 한 편이 되고
항저우 노랫가락이
타이뻬이 노랫가락이라 하더이다

가라사대
양안쌍홍(兩岸雙虹)이라 하더이다
돌아오는 길
여(余)의 한반도의 오늘
부디
부디
10년 전
60년 전으로 돌아가는 길 아니옵기를

저 그리움 좀 봐

저 한밤중 밀물 봐
무엇이 죽고
무엇이 태어나는가
저 아침 느적이
다 핥아가버린 썰물 개펄 좀 봐
몇백만년이나
달하
달하
못내 그리워
저 구원(久遠)의 지랄을 여태껏 그만두지 못하고
밀물로 오고
썰물로 가는 것 좀 봐

따라서
저 개펄 게들 게새끼들 눈코 뜰 새 없는 그리움 바쁜 것 좀 봐

몇줄의 노래

어느 나라에도 어느 때에도
사랑이 있단다

여봐라
여봐란 듯이 있단다

탈레반의 밤
총 내려놓고 잠들면

그네 소그네의 깜장 눈동자 둘
꿈속에서 꼭 본단다

도단(道斷)

가는 사람
얼마나 거룩하시던지요
홀려
지랄 같은 나
가는 사람 시늉을 하기 시작하였습니다

동에서 서으로
서에서 동으로
남에서 북으로
또 어디로
수십년의 춘삼월을 가고 갔습니다

때로는 괜히 가탈걸음
때로는 순 무릉태걸음이었습니다

그런 나머지
어느
음력 9월 해 기울어

으슬으슬 목 우는 날
가는 길 그만두었습니다
그냥 우두커니 서버렸습니다
노둑실노
거지 짓도 제대로 못하고 서버렸습니다
짖던 개
허깨비 나를 보고
짖다가 말고 그냥 돌아섰습니다

오래전에 만나고는
만나지 못한 친구가 궁금히 희끄무레 떠올랐습니다

P형 보고 싶구려 나 더이상 갈 길 없구려

별도봉

무슨 까닭이랴

그 시절
한나절 내
또
한나절 내 바라보았지

제주도 별도봉 벼랑 밑 너럭에 주저앉아
바라보았지
기우뚱한
그 바다 실컷 보며 파도소리 먹으며
내 쉰 울음
속으로 속으로 파고들기도 하였지

무슨 시뻘건 까닭이랴

그냥 망연자실로
어떤 놈 어떤 년들의

울음 따위 한 톨 없이도
밤바다 어둠속 그대로 다하다가
그 벼랑 우렁우렁 속
후줄근히 일어선 해골로
달 없는 밤
달을 찾아보았지

그 시절 그 무위 이래
나는야
영영 그 무위 근처와는 사돈 넘어 담 쌓고
여태까지
헐떡이는 일천 번뇌 매달려왔지

아, 가고파

함박눈 내리는 날

함박눈 내리는 날
모든 죽음 위에
모든 죽음 뒤 남아 있는 이삭의 삶 위에
함박눈 내리는 날
너 만나
네 옷에 쌓인 눈을 털어주며
너에게 극비로 말하고 싶다

아, 금지당한 말로 말하고 싶다

이제까지 내 세월에 흔전만전 허여된 말이 아닌
얼치기 지배의 말
얼치기 관습의 말이 아닌

몇백년 동안
몰래몰래
목숨 걸고 이어져온
그 금지당한 말이
참을 수 없이

내 입술 밖으로 뛰쳐나와
깜짝 놀라는 네 가슴속으로 파고드는
그 말로 말하고 싶다

사랑한다고!

근대 몇백년 오용 남용의 그것이 아닌
태초 불온의 말로

사랑한다고!

저쪽 상수리나무 가지마다 쌓인
무거운 눈을
누가 털어준다
나뭇가지들이 출렁이다 말고
제자리로 돌아간다

사랑한다고!

봉정암

설악 봉정암이다
한 바가지 샘물 떠 마셨다

저 아래를 슴벅 내려다보았다

백팔번뇌야
백팔번뇌야
너희들이 나를 살려왔구나

이제 또 너한테 내려가겠다

어청도 바다 앞에서

비로소 나는 전체이다
한 발자국도
물러설 수 없는
더이상 불기운이 남아 있지 않은
타버린 잿더미 소락소락
날려보낼 바람 한자락도
일지 않는
내 무능으로부터 이제 막 전능이 뱃속에서 빠져나왔다

회한 가라

옛사람한테

며칠 전
이양빙(李陽冰)의 『초당집서(草堂集序)』를 펴보니

거두절미하고

안사(安史)의 난 그뒤
이백의 저술
십중기구(十中其九)를 잃었다 함이더뇨
더러 찾아낸 것도 있다 하나
재 풀풀 날려
산지산질(散地散帙)이었을 터

십중일(十中一) 그 가운데
행(幸)이라
주시(酒詩) 177수 버젓이 남아 있어
간밤의 내 만작(晩酌)에
마실 술 177잔에 이르렀으니
끝내 자빠졌으니

허나 아침에 눈 떠
쓰린 흉금으로
맹세긴대

태백 사형(詞兄)이여
당신의 잃은 노래
십중구(十中九)를
동방 후생인 나
반드시 여생 대행(代行)하여
써
만년 황해 오가며
어느날은 이구(李句)로
어느날은 고율(高律)로
바람에 돛 팽팽하리니
보소서
당신의 만고수(萬古愁)
나의 상심벽(傷心碧)으로

오늘의 창천만리 이루어지이다

당신 청련(靑蓮)이여 나 고조선 이래의 백수광부(白首狂夫)여
금석일신(今昔一身)이여

바람이 불면

바람이 불면
모든 것이 깃발이 된다
나보다
네가 먼저 깃발이 된다
아니
지상의 나무보다
지하의 나무뿌리들이
먼저 깃발이 된다
그뒤로 해질녘 새들의 깃발이 된다
거의 다 마른 빨래들도
네 머리칼도
한 오리 거짓 없이
이미 깃발이다
저 바다 밑
칠흑 심해 수압 속
너울너울 춤추는 고기들의 자유가
남모르는 깃발 아니고 무엇이냐
바람이 불면

내 가슴 깊은 응어리들 뛰쳐나와
서두르는 환희가 된다
아니
추락조차
내 비상이다
비상의 깃발
구름의 깃발이다

바람이 불면
바람이 불면
모든 것 밖의 모든 것
기어이 깃발이 되고 만다
바람이 불면
바람이 되기 전에
먼저
어느 임종 어느 탄생이 된다

바람이 불면

모든 것이 깃발이 된다
깃발의 하늘 처음도 없이 끝도 없이 휘날린다

은행단풍 밑에서

오늘 은행단풍 잎새들
불 밝히시누나
호동그랗게
호동그랗게
불 밝히시누나

지난여름
그 얼마나 묵묵히 인내의 날들이었느뇨

은행단풍 잎새 사이사이
눈 뜬 벽공(碧空) 조각
그 얼마나 생나무 타는 인내의 밤이었느뇨

나는 가던 길을 더 못 가고 만다

구름을 보다

이렇게밖에 못 살았구나

아홉살 때
할머님 돌아가셨다
열일곱살 때
외할머님 돌아가셨다
스물한살 때
왼손잡이 할아버님 술 취한 채 논두렁에서 돌아가셨다
스물여섯살 때인가
외할아버님 돌아가셨다
서른살 때
아버님 돌아가셨다
예순다섯살 때
어머님 돌아가셨다
일흔다섯살 때 장모님 담배 세 대째 피우다 돌아가셨다

이제 어김없는 은혜로 내 차례다 구름이 나를 본다
나도 구름 너머를 가만히 본다

그 폭포소리

황제의 침전
그 구중궁궐 침전
그 침전 벽
결연한 벽화가 그려져 있었나이다
그 벽화에는
낙하하는 폭포도 그려져 있었나이다

비빈 운우 사절의 밤

다음날 아침
황제 폐하께서 짜증을 내셨나이다
화원을 불러들이셨나이다
폐하 눈살 찌푸리시며 가라사대
지지난밤도
지난밤도
짐이 제대로 잠을 이룰 수 없었노라
왜이겠느냐
밤새도록 저 벽화 폭포그림

폭포소리로
짐의 옥체에 몹시 시끄러웠노라
당장
폭포그림을 지워버리렷다

득달같이
그 폭포그림을 싹 지워버렸나이다

다음날 폐하 숙면의 아침
기지개를 펴
상선(上善)한테 이르시기를
어허 간밤엔 짐이 편히 쉬었노라
그놈의 폭포소리 나지 않아
짐의 침전의 사위(四圍) 무척 정숙하였노라

멋져

2천년 이후

옛 황제 침전의 벽화 말씀입지요
그 벽화 속
폭포그림이 지워진 이래
폭포소리는 영영 들리지 않았습지요

무려 2천년이 피잉 지났습지요

옛 황제 침전은
그냥 텅 빈 고궁의 한 방으로 보존되었습지요
퀴퀴한 냄새로 길이 보존되었습지요

어느날 밤
한 미치광이 화공께서 목숨 걸고 스며들어
그 출입엄금의 방 벽화에
새로 폭포를 휘갈겨 그려넣었습지요
그런 뒤 월떡 담 넘어 사라졌습지요

살아나리랏다

살아나리랏다

다음날 밤
그 텅 빈 방에서
폭포 낙하 소리가 쿵쿵쿵 나기 시작하였습지요

2천년의 어둠들 깜짝 놀라 깨어났습지요

이윽고 그 폭포소리
침전 밖
아니
고궁 밖 거리거리의 어둠속으로
점점 퍼져가
뭇 인민들 뭇 축생들 잠 깨어났습지요

허나
다음날 아침이면
귀신 곡할 노릇으로

그 폭포소리는 온데간데없었습지요

그 미치광이 화공께서 머지않아 체포될 것이옵지요 아휴 멋져

내려가거라

환상회향(還相廻向)

실례하노니

임제야
덕산아
왜 느네들 슬플 줄도 모르느냐
왜 괴로울 줄도 통 모르느냐

일찍이 지지리 가난한 에미 갓난아기로 울었던
느네들이었느니라

느네들 어미
하루 저물도록
큰 돌팍 깨어 작은 돌무지 쌓아올리는 막일로
한푼 두푼 버셨느니라
그렇게끔
느네를 기르셨느니라

임제야

덕산아
구름인 듯 모여든 것들
구름인 듯 흩어
다 내쫓아 돌려보내거라

그동안
느네들의 공적 썩 지대했나니
그놈의 천하권세
그 문자지옥 파옥의 공적
지대하고말고

이제 됐나니
이제 됐나니

이제 느네들도
이 산비탈 속절없이 내려가거라
내려가
저 캘리포니아 금광에 팔려간

늙어빠진 청나라 변발 쿨리들에 이르기까지
그 땅
부처 못 나는 땅
보살 못 나는 땅
그 천한 수렁논 고된 곡식농사 지어보거라
네 할(喝)
네 방(棒)
놔두고 산동 사투리 절강성 사투리로 어서 내려가거라

거량(擧揚)을 계(戒)하노니

너 이눔 언제 달을 삼켰느냐
아이고
제가 삼킬 달이 어디 있습니까
스승께서 먼저 내놓으십시오
너 이눔
나는 달을 본 적도 들은 적도 없느니라
그런데 어찌
저더러 달을 삼켰느냐 하십니까
쿵!
얼쑤!

평창(評唱)컨대

이런 놀이 함부로 놀지 마시기를
눈 떴으면 감고
눈 감았으면 그냥 떠보시기를
그대 새끼
그대 애비

어느 길목에서 길 잃었는지
서럽게 서럽게 챙겨보시기를

대화

호롱불 밝히자
아니나다를까
아니나다를까
기다리던 하루살이들 얼른 오시누나
나 주책없이
너희들 어디서 왔니
하고 그것들한테 말을 건다

그러다가
너희들 어디서 왔니
하고
내가 지난날 그날그날의 나한테 말을 건다

초여름밤 뜨락
늦은 등꽃들 뚜벅뚜벅 지시누나
버선발로 가
너희들 어디 가니 어디 가니
하고 말을 건다

그러다가
돌아올 날들의 어느 나한테 말을 건다

사람의 세상이란 이렇게 말이 청산이고 백운이란다

길을 물어

남원에서
함양으로 넘어가는 산길
지난해 으악새들 쏠려
으스스히 찬 기운이 감싸온다
나는 멈칫하다가
마음 다독여 마루턱을 그예 넘었다
거기까지 따라오던 찬 기운과 헤어져
내 눈이 그렁그렁 편했다
내리막길
천년 전의 어느날
천년 전의 나인 듯 예스레 흥얼거렸다
골짝 아래
옹달샘
그 옹달샘
물 긷는 아낙
딴 세상이다 딴 세상의 이 세상이다
나의 길 잘못 들었던가
큼

큼
기척 앞세워
저어 삼송리로 가는 길 아시나요 여쭈었더니
모른다 하시더니
잠깐 기다리라 하시더니
잰걸음으로
아래쪽 오두막까지 가
그 집 할멈한테 물어물어
돌아와
이 길로 가시다가
저 길로 가시면
삼거리가 나오는데
그 삼거리에서
오른쪽 삼밭 쪽 길로 접어들어
한 반 시각쯤이면
6백년짜리 팽나무 밑에 주막이 나오는데
거기가
바로 삼송리 동구라고 알려주셨다

두레박 물도 주시니
갈한 목 축이고 나서
하늘을 보니
낮달이 나를 내려다보고 있다
고마우신지
내 발가락의 기쁨이 성큼성큼 길을 내었다

아뿔사

백년 뒤의 자본주의 극단인심에 길을 물을 때
혹시나 돈 몇푼 받아야
길을 가리켜주지 않을까

아뿔사

그럼 백년 전에 살고 있는 것
순 공짜를 정성들여
길을 가리켜주시는 산골 아낙과 함께 살고 있는 것

하늘 아래
하늘의 구름 아래
불그데데한 저녁노을의 마을
그 산숲리 안동네의 개기 짖는 순한 소리와
함께 살고 있는 것

어떤 동시

어젯밤 꿈속
나는 아프간의 아이였다
열한살쯤이었다
열한살의 왼팔 하나뿐이었다

나무 없는
나뭇잎새 없는 저녁이었다
나는 일어서서
멀리멀리
저물어버린 하늘을 쳐다보았다

해왕성아
명왕성아
토성 고리야
내 조상의 북두칠성아
너희들은 뭐 하니
지구 위의 나는
한쪽 팔이 남아 있단다

아, 적군의 밤이 너무 많구나
지금 너희들은 뭐 하니

임종

바다야
네 3천년 앞에 서면

내 몸속 속속들이 내면 일체가
몽땅 사라져버릴 터

배고프다
배고프다

온통 외부이다

늦은 깨달음

뒷산 달빛 가랑잎새 없다면
마당귀
살구나무 살구꽃 봉오리들 없다면

저 서해 칠산바다 파도 밑으로
우르르 몰려가는
참조기떼 없다면
그 참조기떼 귀신들 없다면

나는 너를 사랑하지 못한다 동해 울릉도의 옥아 순아

단풍

단풍이다 그냥 붉기만 하는 무지무지한 고요다

저 물고문의 박종철
비명 하나 못 지르고 숨진 고요
그 고요
여기 염치없이 있구나

그뿐더러
멀리 서산 휴정(西山休靜) 팔십의 머나먼 고요도 괜히 와 있구나

이토록 단풍 만천하의 순 무심(無心)의 고요 아지 못거라

자백

무턱대고 저 얼음 산꼭대기를 앞두고 서성거렸습니다

배고픈 아이들을 노래하지 않았습니다
배고픈 나머지
죽은 아이의 감긴 눈을 노래하지 않았습니다

어머니를 노래하지 않았습니다

우주 허허망망 어느 곳
해보다
해의 넋보다
수수억배 밝은 심봉사의 빛 뿜고 나서
죽어버린 초신성의 일생을
이내 가슴속으로 노래하지 않았습니다

삼가 극형 앞에서 한푼어치 용서를 바라지 않습니다 서명 날인합니다

고향

소쩍소쩍

소쩍새 운다

논개구리 운다

달걀 운다

달걀 속

흰자위 노른자위 운다

소홍안령 호랑이

어흥 운다

냇물 운다

뻐꾹뻐꾹

밤하늘 운다 별 운다

쑥부쟁이 운다

송아지 운다

바람 운다 갓난아기 운다 나 운다

지상에서

최초의 언어
아아

최후의 언어
아아

두 감탄사 사이에서 내가 오도 가도 못한다

어미 없는 푸른 하늘이 엉엉엉 울어옌다

오늘의 메타

아니
어제라는 이름
오늘이라는 이름
그리고
내일이라는 이름이 떠나간다
어제
오늘
내일이라는 시간이 팔딱이며 떠나간다

뒤따라 내 이름 몇개도 떠나간다

비로소 개도 물고 가지 않는 빠삭빠삭한 유골의 해탈이다

거문도

나에게 조국이 있습니다
나에게 조국의 바다 한가운데
거문도가 있습니다
동백꽃
누나같이 누이같이 피고 집니다
한밤중 파도소리 가슴 설레는
거문도가 있습니다
내가 모를 천만년의 거문도가 있습니다

다시 거문도

가졌다 하지 말라
잃었다 하지 말라
온몸 푸른 바다의 소경에 둘러싸인
여기
거문도 등대 옆에
그대 생애의 한동안
서 있어보아라

눈 오는 날

혜화동에 눈이 내립니다
명륜동에 눈이 내립니다
삼선교에 눈이 내립니다

코엑스에 눈이 내립니다
모랫말에 눈이 내립니다

저 삼지연에 눈이 내립니다
장산곶에 눈이 내립니다

휴전선 6백리에 눈이 내립니다 눈 맞으며 세상에 또 절하고 또 절을 합니다

그림

해거리
감 주렁주렁

마당에 나온
초록저고리 새댁

아무것도 모자란 건 없구나 코가 콧노래 참고 있구나

오벨리스크

로마에 가면
오벨리스크가
몇개 서 있다
빠리에 가면
오벨리스크가 서 있다
런던에 가면
오벨리스크가 서 있다

망한 나라는
자신들의 옛 오벨리스크 반 토막도 서 있지 않다

나는 내 갈비 밑을 소매치기로 만져보았다
내 간이 붙어 있는지
내 모진 쓸개 아직껏
그대로 붙어 있는지
P나 C나 M이나 누가 떼어가지 않았는지

철

등 떨리는 연두였느니라 밤에는 갈비 사이 소쩍새 혼령이었느니라

연초록
진초록이었느니라
다 큰 제 새끼 몰라보며
뻐꾸기 에미나이 하루내 울어옜느니라
저녁 이르게
귀뚜리 귀뚜리 씨 뿌려대며 지새워 울어옜느니라
그러므로 가을이 우르르 와
온통 단풍 장날 파장이었느니라

저 아줌씨하고
저 아줌씨 만삭의 뱃속 아이하고
단둘이서 느런히 내다보는 단풍 장날 파장이었느니라

눈 퍼붓는 날 난산으로 태어난 아기 새된 첫울음 사품쳐 울어옜느니라

가을을 맞으면서

어쩔 수 없이 궁극의 가을이 왔습니다

나 어쩔까요 승천할까요
이대로 이 지상에서 총 맞아 숨 놓아버릴까요

내 변방은 어디 갔나

두 번 세 번 부당하구나

삼천리강산이 모조리 서울이 되어간다
오, 휘황한 이벤트의 나라
너도나도
모조리 모조리
뉴욕이 되어간다
그놈의 허브 내지 허브 짝퉁이 되어간다

말하겠다
가장 흉측망측하고 뻔뻔한 중심이라는 것 그것이 되어
간다

서러웠던 곳
어디서도 먼 곳
못 떠나는 곳
못 떠나다
못 떠나다

기어이 떠나는 곳
내 마음의 개펄 바닥
해거리 명자꽃이 똑똑하던 곳
10년 전과
10년 후가 같았던 곳
어머니의 흐린 경대
거기 계신
한번도 본 적 없던
증조할머니도
못 본 고조할아버지도 함께 살던 곳
아버지쯤이 아득한 과거인 날들
꿈에도 없는 곳
무식한 아버지
묵은밭 어둑어둑 갈던 곳
진리가 마을 안에 있던 곳
내가 잠들면 너도 잠드는 곳
죽은 아저씨 살아 돌아오는 곳
소작료 삼칠제로 뼈 빠져버린 곳

눈 뜰 힘 없어 눈 감고 죽는 곳
낮은 콧잔등으로
호된 가난 견디어온 광대뼈로
제사상 앞에 엎드리던 곳
백년대계 따위 소용없는 곳
궂은비 오는 날 끼리끼리이던 곳
누가 죽으면 모두 상주인 곳
김씨도 장씨 숙부이고
갑씨도 을씨 사촌이던 곳
사또 나리 오시지 않는 곳
커다란 달밤
누군가가 그 달밤에
식칼 갈아 허공 포 뜨며 번뜩이던 곳
의미가 무의미에 고개 숙이는 곳
두고 온 그곳

내 변방은 어디 갔나

통영 미륵도 그때

봄날은 간다고 누가 말했나
봄날은
죽어라고 가지 않았다
아지랑이
아지랑이였다

저 건너 거제도
다음날도
그 다음날도 아지랑이였다

공안(公案) 한 개가 전부였다

용화사 위
도솔암
거기 있다가
새 절 미륵봉 미래사 토굴 방고래

내 스무살 내 말세였다

다음날도
그 다음날도 아지랑이였다

어쩌겠느냐 불(佛)이라는 곳 중생이라는 곳 오도 가도 못하는 그곳

안침술집을 떠나며

그 시절 그 마을 밖에 안침술집 하나 있었습니다
지나가다 들러보니
내외하는 안침마님께서는 당연히 나오지 않고
그윽이
술주전자와 마늘종 한 접시만 제사날로 나왔습니다
먼저 온 늙수그레한 나그네가 나한테 한마디 냈습니다
허어 주인은 없고 객만 둘이올시다
허허 그렇습니다 하고 나도 맞맞이였습니다

막걸리는 좀 간 듯하였습니다 그냥 벌물인 듯 비웠습니다
그길로 이십릿길 가는 동안
내 등뒤에서는
그 안침술집 못 본 아낙의 마음이 내내 따라왔습니다

지난날의 안방마님
바깥 지아비 일찍 묻고 기울어져서
할수살수없이
먼 마을로 와 안침술을 팔고 있는

그 깊이깊이 가라앉은 설움의 오지랖이 영영
돌아갈 줄 모르다가
마을 대여섯 넘어서야
그것이 있던 자리로
아무 일도 없던 것으로 하고 돌아가고 말았습니다

스치는 것이 으뜸입니다

애옥살이 이 벌판 어디에서
오면가면
이렇게나마 스치는 것이 삶의 으뜸입니다

사뭇 거창한 역사적인 것 그런 것보다
이런 시시한 비역사적인 것이 가붓가붓 삶과 죽음의 으뜸입니다

호수에 대하여

호수는 단호하다

흘러와서 딱 멈추고
기슭을 쌓고
둑을 쌓고
더이상의 흐름을 후련히 내던져버린다

전혀 후회하지 않는다

바람이 와도
무엇이 와 길을 물어도
수면의 무늬 떠올려
몇마디 대꾸를 한다
저쪽으로 가라고

호수의 밑 나르씨스의 밑 거기 무궁무진으로 단호하다

증언

외로움이 있을 곳이 없구나
괴로움을 말할 곳이 없구나
세상 구석구석까지
슬픔이 찾아갈 곳이 없구나

거리도
다락방도
어디도
내가 꿈꿀 곳이 없구나

내 마음속 몸속에도
다 차지해버린 것

현대 내지 현대 이후 백억의 타자들

노랫가락

바람 불듯
바람에
물결 일듯
저녁 무렵
노래 하나 부르듯 살자

처음 보는 사람이거든
너 어느 나라에서 왔느냐
묻지 말자
10년이 지나간 어느 해인 듯 살자
처음이
끝인 듯
끝이 아닌 듯
그렇게 살자

어청도 건너가
그곳 사람
어디서 왔소 물으면

묻자마자

나야 그곳 20년 몇십년 지나간 듯 살자

그렇게 살자

이렇게 살자

회고

참 더럽게도 많이 걸어왔구나

태어난 아기로
다시 자궁 속으로 들어갈 수 없는 아기로
울어댔다
엎어졌다
엎어져 기었다
섰다

섬마섬마 섰다
아장아장 걸었다

걸었다 걷고 걸었다

저 아프리카로부터
저 버미얀 골짝으로부터 걷고 걸었다

얼마나 많이 길 잃었더냐

어느날은 숫제 바람이 길이어서
바람 안고
바람 등지고 걸었다

대대로 걸었다

갈 곳이 있었다
갈 곳이 있었다
대대로 갈 곳이 있었다

이제 갈 곳이 없다 오도 가도 못하고 빙빙 돈다
멧비둘기 헛걸음 빙빙 돈다

안부

김완하에게

잘 있겠지 탈 없겠지라는 안부가 사람의 한계일 수밖에

여기도 별 탈 없다네
저 건너 서운산도
마른 안성천도
발 앞의 한천도 그렇다네
이번 겨울 한 자쯤으로 두꺼운 얼음 왔다네
이쪽에서
저쪽까지
한천 위 사내싸게시리 걸어갔다네
걸어갔다 걸어왔다네

자네 어릴 때
대소쿠리로 떠내던
그 피라미 현손녀 현손자들도
얼음 밑에서 너나들이 알이알이로 자란다네
이런 다음에야
새 세상 나와

포릉포릉 물 위로 이쁜 주둥이
더러 내보이기도 한다네
영락없이
황새란 놈이 그때를 노린다네

자네의 고향 자네 어릴 때라면 얼마나 좋은 덴가 거기까지라면

서탄에서

구성호에게

저 서탄 들 건너 해 지는 낮은 산들 좀 보아

오늘 하루가 너무 크지 않은가
들 건너
저 산들의 뒤 좀 보아
어두워오며 어두워오며
모든 것들 너무 크지 않은가

거짓말 하나 없는 밤이 거기서 큰 얼굴 사절한 그대 꾸정꾸정 오지 않는가

쏘나타 하나

가을이다

나의 조국만으로는 안된다

나 하나의 슬픔만으로는 안된다
누군가
누군가
자꾸자꾸 슬퍼야겠다

한두 군데 외국만으로는 안되겠다

죽은 8백억의 인류에다
죽을 8백억의 인류의 삶들로 하여금
이 가을 전부로
이 가을의 하늘 전부로 슬퍼야겠다
시퍼렇게 시퍼렇게
슬퍼야겠다
발끝에서 머리끝까지 슬퍼야겠다

잠꼬대

범인이 꼭꼭 숨어 있다가
뱀이
뱀구멍 옆의
다른 뱀구멍에 들어가 있듯
그렇게나 숨어 있다가
괜히
범한 곳
한번 가보는 것
거기가 고향일러라

범인이
범한 곳 찾지 못하고
여기던가
여기던가
여기던가
헤매는 것
거기가 타향일러라

지독한 고향타령
지독한 타향타령 이후
아하 너나 나나 다 진화 멈춘 지 오래

서운산 내려오다가

서운산 내려오다가

은적암 지나
청룡사에 이르기 전
호젓하디호젓한
거기
외딴 무덤 하나 계시다

아버지의 무덤으로 삼아
재배하다

오늘이 40년 전쯤 어느날이듯
구름 속의 해가 40년이나 윤똑똑이인 내 머리 위로 나오다

부탁

아직도
새 한 마리 앉아보지 않은
나뭇가지
나뭇가지
얼마나 많겠는가

외롭다 외롭다 마라

바람에 흔들려보지 않은
나뭇가지
나뭇가지
어디에 있겠는가

괴롭다 괴롭다 마라

미래

왜 과거뿐이냐
왜 기억뿐이냐
왜 물러난 반도 한구석에서
후일담뿐이냐

불쌍한 내일아 소경들아

통행금지 시대 같은 한밤중
쥐도 새도 몰래
어떤 불온의 미래야 미지야
너 오너라

들켜라 붙잡혀라 내 뒤틀리는 내장 속에 몽땅 갇혀라

통정(通情)

희근 형
그곳 남강 기슭에 서본 지 오랩니다

아니꼽살머리로
여기 히떤 소리 하나 있겠습니다

나는 무엇인가를 말할 때
필사적으로 무엇이 되어야 합니다
그러므로 나를 송두리째 내버립니다
그래야 가까스로 무엇인가가 됩니다
나는 무엇을 노래할 때
나는 죽고
무엇이 태어납니다
꽃이나 똥이나 파쇼나
순 거짓말같이 들리시겠으나 이 갈리는 참말입니다
불행일까요 당위가 현실의 조상입니다

내가 가을이 왔다고

술 두어 잔에 빙해져 쫑알거리면
기어코 나는 가을이 되고 맙니다
팔만사천 잎새들
새삼새삼스러이 울긋불긋 죽기 직전입니다
내가 겨울을 노래하면
이미 나는 봄입니다
두만강 깡얼음 아직 안 풀린 채 수건 쓴 누나
이틀 굶은 채

아유

아직 멸종 안된 저 노고지리 드높으신 울음소리
그 울음소리 화살촉으로
단숨에 뚫리고 마는
시퍼런 하늘의 묵언 좀 깨달으시압
그 울음소리 낙하하는 땅 위의 적막 느껴보시압

결론인즉

나는 무엇이 아니라
무엇이 나였던 것
무엇이 나인 것
또
그 무엇무엇이 틀림없이 나이리라는 것

이런 시시껄렁한 단일성의 돌팔매 몇개 던져봅니다 희근 형

편지

김형수에게

자네를 만나면 나는 늘 뉘우쳐야 한다네
자네를 만나면
자네 떡을
내가 다 먹어버린 빈 접시
자네 술을
내가 다 마셔버린 빈 병만으로
한 반년쯤 이따금씩 생목 오르며 뉘우쳐야 한다네

술 한 모금 아니 마시는 떡 한 접시 그대로 두는
자네의 얼굴
맨송맨송한 얼굴
그 무죄 앞에서
나는 속쓰리며 고개 떨어뜨려야 한다네

비탄의 허리 휘어지는 바람소리
어디이던가
자네의 고비 사막 서쪽 그 어디인가
자네를 만나면

자네를 만나고 난 뒤면
나는 눈물도 없는 빈 울음으로
뉘우쳐야 한다네

자네의 순결 몇십년 앞에서
나의 흙탕 몇십년으로
아직도 구름 밑에서 비구름 밑에서
땅속의 뼈로 뉘우쳐야 한다네
바람 없는 날 내일의 바람소리 기다리며
뉘우치고 또 뉘우쳐야 한다네
왜 그런지 모르겠네 자네가 그립네 어이없이 그립네

절구(絶句)

바다입니다
나의 전집 무효입니다
밤바다입니다
나의 허무도 무엇도 무효입니다

이별

무지무지한 천둥번개가 있어야겠다
여름이다
완전무결한 이별이 있어야겠다
가을이다

낙엽아
낙엽아
낙엽아
낙엽아
낙엽아 너처럼 너 잘 가라

구름 해설

술 깼어 2천년이나 묵은 동아시아 넋두리 하나 있어

생야 일편부운기(生也一片浮雲起)요
사야 일편부운멸(死也一片浮雲滅)이라

더러 내 입에도 발려나와
이것으로 제법 세상을 얼러보았어
과연 그럴까
태어남이 살아옴 살아감이
한 조각 이는 구름이요
억울하게시리
세상살이 작파해야 하는 것 그것이
한 조각 구름 사라짐인가

상여 나갈 때 상여 앞귀에 내건 구름 운(雲)자도
황천길 가 저승 구름 되었다가 이승의 비로 내려온다는
그것인가

구름이라
구름이라
한 조각 구름이라
때론 상서로운 구름 자색 구름
때론 이팔청춘 푸른 구름
때로는 미친 구름
때로 달 묻어
흉흉한 밤
대궐에 무슨 변고 있을 구름이라

동아시아나
서아시아나
유라시아나
이따위 제 앞가리기 구름 노릇이다가

19세기쯤
한 허름한 영국 촌녀석이
하도 하도

구름에 들린 나머지
날이 날마다
구름 보다가
구름 일어나는 것
구름 스러지는 것 보고 보다가
서른살에 이르러
대오각성
마침내 구름 이름 하나하나 지어내느니

낮은 구름 층운이라
높은 구름 권운이라
무슨 구름 적운이라
무슨 구름 적란운이라
이토록이나 구름 이름 지어놓으니
그 숱하디숱한 구름들 감응하여
꿈속에도 두둥실 나타나
나 적운이야
권운이야

층운이야

이로부터 나라마다
그 이름 불러주느니
사람들도
층운 장녀
권운 차남
적운
적란운 이종사촌으로 태어나더군

나도 덩달아 한마디 어깃장 놓아보니

생야 일편부운멸(生也一片浮雲滅)이요
사야 일편부운기(死也一片浮雲起)라

만찬

어머니는 돌아오지 않았다
배가 고팠다
별 내려와 있다
별을 먹고 먹었다

뜨득 황제

슬픔이 웃고 기쁨이 우는 곳이라

베트남 후에
응우옌 왕조의 수도 후에
외세의 입김 쐬어
생겨난 왕조 13세
4대 황제 뜨득

아예 백성 걱정 없어
아예 정치 생각 없어
그저 시 나부랭이나 지어 읊고
갖은 명주 술판이나 차리다가
잠들고 잠들고 하는 36년 집권
진작 제 무덤 청나라풍 프랑스풍으로 써 올려
거기 가서
100명의 미녀 후궁 거느리고
50명의 요리사 요리
50명의 요리시중

50가지 요리 맛이나 보는 생전의 하루하루
궁중악사 배 태워
밤새도록 궁중연못 위 생전의 풍류 잡히거니와
밤새 연잎에 내린 이슬 모아
그 이슬로 차를 달여 마시거니와

그 시 하나

나 저주받았어
나 저주받았어
나 이 저주 떠나
천상의 낙원 거기 갈 거야 어쩌고

그러는 세월에도
3년 동안 백성 3천명 데려다가 지어올린 황릉 완공하자
그 3천명 다 죽여 몰래 묻어버리거니와
그 영혼 궁전을 그 황릉을 뒷사람들이 멋스러이 이르기를

슬픔이 웃고
기쁨이 눈물 흘리는 곳이라

호찌민이 그저 오신 것 아니지 아니고말고

밤길

이 개가 짖는다
저 개가 짖는다
술 깬다
온몸으로 짖는다

술 깬 내 몸이 온몸으로 듣는다
두 눈 뒤집히며
윗이빨 아랫이빨로 하얗게 짖는다
두 귀때기 곧추서서
목덜미 떨어대며
꼬리 꼴려 뻣뻣이 떨어대며
등살로
배때기로 짖는다
갈비로 오장육부로 짖는다

지금 당장 불구대천의 원수로 짖는다

내 술 깬 잰걸음 지나간 뒤까지

짖고 또 짖는다

온 세상에 네놈들뿐
짖고
또 짖는다
그러다가
한 놈 두 놈 그친다
마지막 한 놈 끝내 싱겁게 그친다

고요

내 조상의 희로애락 다 떠나간 고요
고요가 짖는다 온몸으로 짖는다 오도 가도 못한다

취중

이거 죽어도 헛소리 아니오라

다 시가 되느니 다 시이니
세상이 시이니

교산 형
교산 허균 형
언제 한잔하십시다

이 3행 몇자조차 개수작 아니고 시이니

긴 서사시의 첫걸음에도
보태지 말고
덜지 말고

시 한 편이니

화개(花開)

바야흐로 꽃의 날이다

다 그만두고
너도 울어라
나도 울어라

| 해설 |

오늘 하루의 일몰, 내일 아침 너의 눈동자

도정일

이 글은 고은 시인의 이 신작시집을 위한 발(跋)도, 해(解)도, 평(評)도 아니다. 발? 오십년 넘게 시를 써왔고 수십권의 시집을 낸 이 거대한 시인의 시집에 새삼 발문이 필요할 리 없다. 해? 출판사는 내가 이 시집에 붙일 해설 비슷한 것을 써주기를 바랐을지 모르지만 그랬다면 그건 틀린 기대다. 지난날 나도 해설 비슷한 것들을 여기저기 시집에 얹은 적이 있지만 그래놓고 나서 언제나 알게 된 것은 시집에 해설 붙이는 일의 지저분함이다. 시집은 이 세상의 것이 아닌 듯한 바람소리, 파도소리, 비 오는 소리, 강물소리 들을 담고 있다. 그 소리들은 정갈하고 두렵고 아름답다. 시집은 야구경기가 아니다. 거기에는 시끄러운 해설이 필요하지 않다. 평? 물론 시가 평문을 요청할 경우는 더러 있지만, 그러나 시집은 평을 위한 자리가 아니다. 그러고 보니 내가 할 일은 이 시집을 읽는 동안 내 가슴에 피어오른 이런저런 소회의 자락들을 부끄러운 줄 모르고 풀어놓는 일이다.

시인은 시를 쓰기 위해 이 지상에 온 사람이다. 이것이 시인의 존재이유, 곧 그가 이 지상에 없지 않고 '있는' 이유이다. 물론 지상의 다른 모든 존재자들과 마찬가지로 시인도 자신의 존재이유와 목적을 미리 점지받고 온 것은 아니다. 그가 시를 쓰기로 한 것은 이 지상에서 자신이 무엇을 하며 살 것인가에 대한 그의 치명적 선택, 말하자면 탄생이라는 사건 이후에 그가 내린 고뇌 어린 결정이며 그 사건에 대한 그의 의미부여 행위이다. 그러나 모든 시인에게 그 선택이 꼭 치명적이어야 하는 것은 아니다. 시쓰기를 중도에 그만두지 않는 자, 시를 쓴다는 것이 평생의 업보가 되어버린 자, "수십년의 일몰 머리에 쓴 오늘 하루의 일몰"(「감사」)처럼 오십년 전, 삼십년 전, 십년 전의 삶을 배반하지 않는 '오늘'을 이어가는 자, 그런 사람에게만 그 선택은 치명적이다.

고은은 그런 치명적 시인이다. 그에게 시쓰기는 '빼도 박도 못할' 어정쩡한 사업이 아니다. 뺄 수 없고 빼지 않기로 했기 때문에 지치지 않고 사막에서조차 시의 불길을 지피는 시인, 그가 고은이다. 『만인보』 30권의 완간을 본 것이 불과 엊그제 같은데 어느 틈에 쓴 것일까, 적지 않은 시편들을 담은 시집 또 한 권을 그는 세상에 내놓고 있다. 도무지 바닥이 없어 보이는 시의 강물이여, 바다여, 장엄하다. 고갈되기를 거부하는 노래의 곳간이여, 부럽고 부러워라.

앞으로 스무 권도 더 되는 시집들이 밤을 기다리는 파도처럼 이 시인의 손에서 울렁거리며 태어날 것이라 나는 생각한다. 시인은 노래를 멈추지 않고, 그 열정의 언어들 앞에서 나 같은 좀생이는 질투를 금할 길이 없다.

고은은 자신이 왜 시를 쓰는지, 시가 왜 하필 그에게로 왔는지 그 이유가 선명한 시인이다. 나는 이것이 대체로 '큰' 시인들에게서 발견되는 공유의 특징이라 생각한다. 시를 쓰는 선명한 이유를 갖고 있으면서 짐짓 그것을 감추는 시인이 있는가 하면 구태여 감추지 않기로 하는 시인도 있다. 이것은 어느 쪽이 더 시인다운 태도인가, 혹은 어느 편이 더 유효할까 아닐까의 문제라기보다는 시인들이 가진 발성법의 차이와 스타일에 관계된 문제이다. 폭포가 제 소리를 감추지 않고 태풍이 제 소리의 볼륨을 일부러 낮추지 않듯 고은은 감추지 않는 시인, 감추는 것이 불편한 시인이다. 그는 언제나 자기 시대의 한복판에 서서 시대에 맞서고 시대를 넘어서는 시인이며 그 맞섬과 넘어섬의 방법으로 시대를 '위하고자' 하는 시인이다. 나는 이것이 고은의 시를 고은의 시이게 하는 발성법, 고은이 만든 '고은의 시적 전통'이라 생각한다. 시는 법정증언이 아니고 역사기록도 아니다. 그러나 고은의 전통에서 보면 시는 법정을 넘어선 곳에서 시대에 맞서 발언하고 역사기록과는 다른 방식으로 시대의 삶을 기록한다.

'내 변방은 어디 갔나'라는 이 시집의 표제부터가 자기 시대에 맞서는 시인의 발성을 요약한다. 그 제목의 표제시를 찾아읽는 사람은 '변방의 시선(視線)'에 관한 몇가지 생각에 잠기지 않을 수 없다. 그 생각, 혹은 소회는 이러하다.

소회 1: 시는 이 시대의 변방이다.

소회 2: 중심을 비켜 선 자만이 변방의 시선을 갖는다. 그 시선은 따스하다. 변방의 시선을 가진 자만이 더운 가슴의 눈으로 변방을 볼 수 있다.

소회 3: 변방은 우리의 고향이다. 우리가 두고 온, 잊어버린, 그리고 잊어버렸다는 것까지도 종종 잊어버린.

소회 4: 변방은 시대를 넘어선 곳에 있고 시대를 두려워하지 않는다.

소회 5: 그런데 변방의 시선이 보는 이 나라 대한민국은 지금 "휘황한 이벤트의 나라/너도나도/모조리 모조리/뉴욕이 되어"가는 나라이다. 그 나라는 "그놈의 허브 내지 허브 짝퉁이 되어"가고 "가장 흉측망측하고 뻔뻔한 중심이라는 것 그것이 되"고 싶어(「내 변방은 어디 갔나」) 정신없이 뛰는 나라이다. 그 나라는 "여기 개그/저기 개그/여기 개그/저기 개그"인 개그 공화국이다. "봐//이 무지무지한 웃음판/이 무지무지한 웃음개판/브랜드/섹스/스포츠/베스트셀러들 모두/개그에서 개그로/개그에서/더 개그로/더 개그 인플루엔자로 인플레로 디플레로/확대재생산되는 것 좀 봐/시 너 죽어줘 푹 죽어줘"(「시에게」).

소회 6: 그 이벤트의 나라, 짝퉁이 되고자 안달하는 나라, 그 개그 공화국에 살면서 변방의 시선을 지켜가는 사람에게 그 나라의 산과 강과 들판은 "모독의 지상"(「태백으로 간다」)이며 그 지상에서의 삶은 조상 볼 낯이 없는 불초막심의 '꼬라지'를 하고 있다. "오늘도 강은 강대로 죽어가고 산은 산대로 마구 죽어갑니다//돌아보소서/이 꼬라지/이 꼬라지가/할아버지 할머니 후손의 막된 나의 삶입니다//돌아다보지 마소서/더이상 나는 당신들의 무엇이 아닙니다/한갓 이 문명 떨거지 생핏줄 끊긴 불초막심의 삽날입니다"(「나의 삶」).

소회 7: 모독의 강산야(江山野)에서 진행되어야 하는 삶이 '막된 삶'이고 '문명 떨거지 생핏줄 끊긴 불초막심의 삽날'임을 보는 변방의 시선은 그 '문명'을 향해 엄중한 금지 명령을 내린다. 문명아, 더는 발견하지 말고 더는 발명하지 말라.

더이상 발견하지 말 것
다시 말한다
더이상 발견하지 말 것

불을 발견하고 술을 발견하던 시절이여

거기로부터
너무나 멀리 와버렸구나

바람 분다
나비들
어서 내려앉아라

태평양
인도양
또는 대서양 심해 생명 140여만 종

천만다행이구나
미발견 생명 3천여만 종

제발 그냥 놔둘 것

에디슨아
에디슨아
에디슨아

더이상 발명하지 말 것

—「포고」 부분

이처럼 선명하게 그리고 거침없이 시대와 맞서고자 하는 변방의 시선은 한시라도 빨리 그 모독의 산야를 떠나고 싶을지 모른다. 그런데 그게 그렇지 않다. 떠나는 것은 포기하는 것이지 '넘어섬'이 아니다.「일몰」에서 변방의 시선은 이렇게 노래한다.

누구에게는 이 세상은

단 한번도 태어나지 말아야 할 세상이겠지

아니
누구에게는 이 세상은
단 한번이 아니라
여섯 번
일곱 번이나 또 태어나서
여섯 번
일곱 번이나 또 살아야 할 세상이겠지

막 해가 지누만

—「일몰」 전문

「그래도 다시 태어나야 한다」에 오면, 이 막된 세상을 내던지기보다는 거기 몇번이고 다시 태어나 살아야 하고 그렇게 하는 것이 세상을 되찾는 길이라는 변방시인의 목소리가 강력하게 표출된다. 변방의 시선이 시대에 맞서고 시대를 넘어서고자 하는 까닭은 세상을 '되찾기'(reclaiming) 위해서이다. "그래도 다시 태어나야 한다/이 모독당한 산야에 태어나야 한다/(…)/그래도 꿈꾸어야 한다/이 파괴당한 마을에서 늙은 연어들 막혀버린 강기슭에서/모든 배반당한 꿈/빼앗긴 꿈을 찾아야 한다/너에게 남은 꿈 있다 몸 뒤척여 그 꿈을 꾸어야 한다/하늘이 있다/아직 저녁노을이 있다 지상(至上)의 밤바다가 있다/(…)/그래도 다시 태어나/몇만번째의 첫번째의 직립인간이 되어야 한다/(…)/죽음을 주어라 삶을 주고받아라/그래도 다시 태어나/네가 가는 길 위의 쑥부쟁이로 피어나거라 새가 되어라"(「그래도 다시 태어나야 한다」).

유구한 "암석의 하세월"(「태백으로 간다」)을 돌아보면서 "금석일신(今昔一身)"(「옛사람한테」)을 확인하고 밀물 썰물과 "파도소리의 일생"(「어청도에서」)에서 과거, 현재, 미래가 이어붙는 것을 보는 시선, 모독당한 지상(地上)의 밤바다에서 모독을 거부하는 신성한 지상(至上)의 밤바다를 보는 것은 거대한 시선이다. 이런 시선도 '큰' 시인들이 공유하는 특징이다. 그 큰 시인에게 일몰은 일몰이 아니다. 그것은 종

결이 아니라 새로운 시작과 재생의 신호이며 내일 아침의 '너의 눈동자'이다. 이 거대한 시선에서 나는 『만인보』 마지막 30권 끝장에 실린 「그 석굴 소년」 '수레'의 그칠 줄 모르는 영겁의 노랫소리를 다시 듣는다.

그대로 하여금 이 세상의 낙조 가득히
이 세상의 길고 긴 이야기 다함 없느니
오늘밤도 그대 따라가는
만인의 삶 이야기 삶과 죽음 이야기 그칠 줄 모르리

지금 세상 밖은 온통 머리 푼 바람 속

영겁의 소년 수레여 다할 줄 모르는 영겁의 돌책이여
돌노래여 돌이야기들이여

—「그 석굴 소년」(『만인보』 30권) 부분

都正一 | 문학평론가

| 시인의 말 |

필리핀의 한 산중부족은 글자를 아래에서 위로 써올라간다. 그네들이 제대로 쓰는 바가 다른 곳에서는 거꾸로 쓰는 바로 되고 만다.

내 어린날의 글쓰기는 세로쓰기였다. 위에서 아래로 써내려왔다. 그러므로 필리핀의 부족이 보았더라면 어찌 글을 거꾸로 쓰는가 하고 갸웃했을 것이다.

그런 시절 이래로, 특히 6·25 이래 가로쓰기가 하나둘 보이다가 그뒤 10년이 지나면서 그 가로쓰기는 완연 일색이었다.

이는 서구화의 혐의도 진하다.

하지만 이제는 처음의 부자연스럽던 노릇이 다 삭아버렸다. 그 부자연은 세월을 많이 삼킬 겨를도 없이 자연이 되었다.

왼쪽에서 오른쪽으로 게가 기어가는 형국의 가로쓰기로부터 이제 나는 헤어날 길이 없다.

그렇거니와 바로 여기에서 헤어나고 싶은 충동이 한밤중에 깨어난 불면의 고독 속에서 가라앉을 줄 모른다. 그래서

같은 가로쓰기이건만 오른쪽에서 왼쪽으로 쓰는 이단을 꿈꾼다.

왜 악기를 거꾸로 들고 뜯어내는 연주 수법이 있지 않은가. 뚠황 막고굴의 흐릿한 벽화 어디엔가 반탄비파도(反彈琵琶圖)도 끼여 있다.

이런 거꾸로의 가로쓰기를 꿈꾼 나머지 아예 내 시의 길도 이제껏 거닐어오는 길이 아닌 길이고 싶을 때가 있다.

이로부터의 길은 그러므로 그동안의 50여년의 길을 그만두고 다른 길의 역려(逆旅)에 들어서서 새로 몸 던져지기를 풍덩 치마폭 쓰고 인당수의 저승 심청으로 삼는 것이다.

온 길을 사례하고 등 돌려 갈 길을 영접하는 전생(轉生)의 발 내디디는 '어떤 나'이고자 하는 백일몽은 훨훨 자유롭다.

그러므로 나는 태생(胎生)이나 난생(卵生), 습생(濕生) 넘어서 저만치 실안개 어리는 화신(化身)일 것이다. 실재와 부재의 경계를 모르는 그것이며, 구상과 추상의 담장도 없는 맨마당의 그것. 그것도 아닌 그것.

오래전의 죽은 별로부터 산 채로 오고 있는 뭇 시대의 별빛을 받아오는 내 세월에 더이상 무슨 종교가 있겠는가.

오로지 내 몇십년의 백지가 아직까지도 내 교조(敎祖)이다.

다못 귀뚜라미 울음소리가 철없이 철을 읽듯이 어떤 깨

달음도 느낌도 굳이 물리치고 싶은 나는 오늘도 그저 공으로 운다. 울음이야말로 다른 세계에서 내 세계에 귀기울이는 굿이다.

이 시편들은 『허공』 다음이다. 허공 다음이라면 그것도 텅 빈 것 아니리오. 새로운 얼굴이거니와 한두 해 뒤의 다른 시집 앞에서는 묵은 뒷모습일 것이다.

이런 역할은 꽃이 먼저인지 단풍이 먼저인지 모른다.

굳이 시집 표제에 종잡을 까닭은 없다. 각편 하나하나가 저마다 어느 기슭에 닿아서 거기서 푸르른 날을 맞든지 더 떠내려가 그 자취 묘연한 저문 날이 되든지 어찌 거기까지 내 애환을 보내겠는가.

1920년 어느날 만해가 처음으로 뒤늦은 시집을 낼 때 애초에는 아무런 이름 없는 백지 표지의 시집으로 내려 한 것을 출판사 쪽에서 그러면 못쓴다 해서 '님'으로 했다가 '님의 침묵'으로 정했던 적이 있다.

오랜 창비 벗들의 은공을 또 저버리는 것이 되고 말면 어쩌나 하고 두려워한다. 쓰라리도록 고맙다.

2011년의 반절일 때

고은

창비시선 332

내 변방은 어디 갔나

초판 1쇄 발행/2011년 7월 11일
초판 9쇄 발행/2023년 1월 5일

지은이/고은
펴낸이/강일우
책임편집/이상술
펴낸곳/(주)창비
등록/1986년 8월 5일 제85호
주소/10881 경기도 파주시 회동길 184
전화/031-955-3333
팩시밀리/영업 031-955-3399 편집 031-955-3400
홈페이지/www.changbi.com
전자우편/lit@changbi.com

ⓒ 고은 2011

ISBN 978-89-364-2332-2 03810

* 이 책 내용의 전부 또는 일부를 재사용하려면
반드시 저작권자와 창비 양측의 동의를 받아야 합니다.
* 책값은 뒤표지에 표시되어 있습니다.